CANTIQUES RYTHMES ET RIMES

CHANTS, RHYTHMS, AND RHYMES FOR THE FRENCH CLASSROOM

BY
LONNIE DAI ZOVI

FRENCH ADAPTATION BY VIRGINIA VOGES

ISBN 0-935301-63-1

Vibrante Press
2430 Juan Tabo, Suite 110
Albuquerque, New Mexico 87112

CANTIQUES RYTHMES ET RIMES

BY
LONNIE DAI ZOVI

FRENCH ADAPTATION BY VIRGINIA VOGES

This publication is protected by Copyright and permission should be obtained from the publisher prior to any reproduction, storage in a retrieval system, or transmission in any form or by any means, electronic, mechanical, photocopying, recording, or otherwise. Permission, however, is granted for copying, enlarging, altering or whatever is necessary for the purchasing teacher only to use in his classroom.

COPYRIGHT LONNIE DAI ZOVI 1991
ALL RIGHTS RESERVED
FIRST PRINTING 1991
PRINTED IN THE UNITED STATES OF AMERICA

ISBN 0-935301-63-1

Vibrante Press
2430 Juan Tabo, Suite 110
Albuquerque, New Mexico 87112

CANTIQUES, RYTHMES ET RIMES

RATIONAL: Chants, rhythms and rhymes are all fun, easy and effective ways for students to learn vocabulary, grammar, syntax and the basic flow of the language. They serve as reinforcement, review or as an introduction to material about to be taught. Like songs and dialogues, the vocabulary and phrases learned are easily memorized and therefore easily recalled for real life situations. But unlike songs, everyone in the class can fully participate, including the tone deaf and the shy.

TARGET: The chants, rhythms and rhymes are really suitable for any age group with an emphasis on the 5th-12th.

CONTENTS: The chants, rhythms and rhymes are of four types:
1. **Thematic** - Many of the rhythms have been developed around a vocabulary theme such as weather, house, family etc.
2. **Grammatical** - Certain grammatical structures that defy learning through drill or conversation are learned quickly and effortlessly through rhythm and repetition. They include verb conjugation, commands, pronouns with prepositions and more.
3. **General** - Many chants or rhythms reinforce various vocabulary and grammar points instead of any specific one. They are cross-categorical.
4. **Traditional** - Also included are some rhymes that are traditional in the French speaking world. They have been chosen for their wide appeal and suitability for the French classroom.

COMPONENTS: **Tape** - There is an accompanying cassette. It is a tape of various native speakers chanting or reciting accompanied by rhythms of congas, bongos, shakers, triangles, accordian, fiddle, and other

Caribbean or Cajun instruments. On the other side of the tape is a recording of the rhythms alone, no voices. The same rhythms used on the voiced tape are maintained (Zouk, jig, 2-step..). This tape is to be used for the teacher's or the students' variations or original chants.

Script - There are scripts of all the "cantiques" on the tape.

Poue écouter et écrire - These sheets are like the script except many of the words have been replaced with blanks. These sheets can be used before the "cantique" is recited. It can be used as an active listening exercise, a partial dictation, or a cloze type activity. After the "cantique" has been recited and discussed, the sheets may also be used as a recall exercise, without the need of the audio tape.

Exercices - There are fourteen pages of various types of exercises that go along with many of the themes or grammar points of the "cantiques". Some suggest ways to vary the "cantique" or to further expand the students' vocabulary or communicative abilities.

TABLE DE MATIÈRES

TITRE	THÈME	GRAMMAIRE	PAGES Script / Pour Écouter et Écrire / Exercices
LA SEMAINE*	Days	Varied	1,-,45
A QUI EST CE CAHIER*	School	Possession	2,-,-
QUI EST?	Family	Possession	3,26,-
LE CORPS	Body	Varied	4,27,46
LE TEMPS	Weather	Varied	5,28,47
MOI, J'AIME LES FRUITS	Fruit	Moi, oussi	6,29,49
JE VIENS DE LA FRANCE	Nationality, capitals	Venir, être	7,30,50
JE VIENS DES ETATS-UNIS	Nationality, countries	Aller	8,31,50
JE VAIS AU MAGASIN	Places	Misc. verbs	9,32,51
MA MAISON	Home	Misc. verbs	10,33,52
HELENE, HELENE	Love	Prep. pronouns	11,34,53
QUE FAITES-VOUS?	Occupations	Infinitives	12,35,54
VOICI CE QUE JE FAIS	Daily activities	Reflexive verbs	13,36,56
JE VEUX APPLAUDIR	Expressions of desire	Preps. of place	14,37,-
J'AI MAL A LA TETE	Body, pain	Commands	15,38,46
J'AI FAIM	Conditions	Avoir idioms	16,39,57
L'ANNIVERSAIRE DE JACQUES	Party	D. O., I. O. pronouns	17,40,-
LA PETITE AMIE IMPERTINENTE	Conversation	Passé composé	18,41,-
CONSEILS DES PARENTS	School	Tu commands	19,42,59
REVISION DE TEMPS I	Verbs	Regular tenses	20,43,-
ALLONS PARLER**	Verbs	Any conjugations	21,-,-
RYTHMES POUR LA CLASSE*	School	Varied	22,-,-
RIMES GENERALES*	Misc.	Varied	23,-,-
REVISION DE TEMPS II**	Verbs	Irregular tenses	25,44,-

* not on tape
** on back side of cassette

TABLE DE MATIÈRES

TITRE	THÈME	GRAMMAIRE	PAGES Script / Pour Écouter et Écrire / Exercices
LA SEMAINE*	Days	Varied	1,-,45
A QUI EST CE CAHIER*	School	Possession	2,-,-
QUI EST?	Family	Possession	3,26,-
LE CORPS	Body	Varied	4,27,46
LE TEMPS	Weather	Varied	5,28,47
MOI, J'AIME LES FRUITS	Fruit	Moi, oussi	6,29,49
JE VIENS DE LA FRANCE	Nationality, capitals	Venir, être	7,30,50
JE VIENS DES ETATS-UNIS	Nationality, countries	Aller	8,31,50
JE VAIS AU MAGASIN	Places	Misc. verbs	9,32,51
MA MAISON	Home	Misc. verbs	10,33,52
HELENE, HELENE	Love	Prep. pronouns	11,34,53
QUE FAITES-VOUS?	Occupations	Infinitives	12,35,54
VOICI CE QUE JE FAIS	Daily activities	Reflexive verbs	13,36,56
JE VEUX APPLAUDIR	Expressions of desire	Preps. of place	14,37,-
J'AI MAL A LA TETE	Body, pain	Commands	15,38,46
J'AI FAIM	Conditions	Avoir idioms	16,39,57
L'ANNIVERSAIRE DE JACQUES	Party	D. O., I. O. pronouns	17,40,-
LA PETITE AMIE IMPERTINENTE	Conversation	Passé composé	18,41,-
CONSEILS DES PARENTS	School	Tu commands	19,42,59
REVISION DE TEMPS I	Verbs	Regular tenses	20,43,-
ALLONS PARLER**	Verbs	Any conjugations	21,-,-
RYTHMES POUR LA CLASSE*	School	Varied	22,-,-
RIMES GENERALES*	Misc.	Varied	23,-,-
REVISION DE TEMPS II**	Verbs	Irregular tenses	25,44,-

* not on tape
** on back side of cassette

SCRIPT

LA SEMAINE

Dimanche est un jour spécial.

Et lundi, je pense, n'est pas si mal.

Mardi, mardi, c'est très précis.

Mercredi arrive sans souci.

Jeudi vient et un jour de plus

Devient vendredi bien resolu

Qui termine la semaine de travail.

Enfin arrive samedi, le jour pour jouer!

VENDREDI

Aujourd'hui c'est <u>vendredi</u>

Et il faut <u>travailler</u>.

Mais...

Demain c'est <u>samedi</u>,

Et nous allons nous <u>reposer</u>!

Bravo!

LUNDI

Aujourd'hui c'est lundi

Et content je suis!

La nouvelle semaine,

Commence aujourd'hui.

A QUI EST CE CAHIER?

J'ai un cahier, je ne sais pas à qui il est.
A qui est ce cahier? Alors, écoutez.

<u>Marie</u> ** Il est à <u>Marie</u>.

<u>Josèphe</u> ** Il est à <u>Josèphe</u>.

<u>Michel</u> ** Il est à <u>Michel</u>.

<u>Berthe</u> ** Il est à <u>Berthe</u>.

(It's better to use names of kids in class.)
J'ai un stylo, je ne sais pas à qui il est.
A qui est ce stylo? Alors, écoutez.

____ ** Il est à ____

____ ** Il est à ____

____ ** Il est à ____

____ ** Il est à ____

J'ai des crayons, je ne sais pas à qui ils sont.
A qui sont ces crayons? Ecoutez, donc.

____ ** Ils sont à ____

____ ** Ils sont à ____

____ ** Ils sont à ____

____ ** Ils sont à ____

J'ai des règles, je ne sais pas à qui elles sont.
A qui son ces règles? Ecoutez, donc.

____ ** Elles sont à ____

____ ** Elles sont à ____

____ ** Elles sont à ____

____ ** Elles sont à ____

QUI EST...? (General Caribbean)

Qui est la maman de ma maman?

                                         C'est ta grand-mère.

Qui est le père de mon papa?

                                         C'est ton grand-père.

Qui est la soeur de ma maman?

                                         C'est ta tante.

Qui est le frère de mon papa?

                                         C'est ton oncle.

Qui est la femme de mon papa?

                                         C'est ta maman.

Qui est le mari de ma maman?

                                         C'est ton papa.

Qui sont les enfants de ma tante et mon oncle?

                                         Ce sont tes cousins.

Qui est le neveu, le fils, le frère?

                                         Ça c'est toi!

LE CORPS (Haitian Zouk)

Les yeux, le nez, les oreilles, la bouche,

Regarder, renifler, écouter, parler.

Les yeux que j'ai sont...   pour regarder.

Le nez au milieu est...   pour renifler.

Les oreilles me servent...   pour écouter.

Et la jolie bouche...   pour parler.

Les mains, les bras, les jambes, les pieds,

Lavées, lever, marcher, danser.

Les mains, toujours sales...   pour être lavées.

Et ça ce sont les bras...   pour les lever.

Les jambes sont très utiles...   pour marcher.

Et les pieds je m'en sers...   pour danser.

LE TEMPS (Cajun Jig)

Quel temps fait-il dehors, dehors, dehors?
Quel temps fait-il dehors, aujourd'hui, aujourd'hui?

    Il fait du soleil, monsieur, du soleil.
    Allons dehors pour jouer et nager.

Quel temps fait-il dehors, dehors, dehors?
Quel temps fait-il dehors aujourd'hui, aujourd'hui?

    Il fait chaud, mon amour, fait chaud, très chaud.
    Mets la clim, s'il te plaît, comme il faut.

Quel temps fait-il dehors, dehors, dehors?
Quel temps fait-il dehors aujourd'hui, aujourd'hui?

    Il fait du vent, du vent, du vent, du vent.
    C'est dur de marcher; je suis sur les dents.

Quel temps fait-il dehors, dehors, dehors?
Quel temps fait-il dehors aujourd'hui, aujourd'hui?

    Il fait froid, oui, froid, très froid.
    Je vais patiner à ma grande joie.

Quel temps fait-il dehors, dehors, dehors?
Quel temps fait-il dehors aujourd'hui, aujourd'hui?

    Il pleut à torrents, il pleut, il pleut.
    De joli soleil, nous en avons peu:

Quel temps fait-il dehors, dehors, dehors?
Quel temps fait-il dehors aujourd'hui, aujourd'hui?

    Il tombe de la neige, il neige, il neige.
    Je vais porter l'anorak beige.

Quel temps fait-il dehors, dehors, dehors?
Quel temps fait-il dehors aujourd'hui, aujourd'hui?

    Il y a des nuages, des nuages, des nuages.
    Le jour lumineux a perdu le bon visage.

MOI, J'AIME LES FRUITS (Haitian Rara)

Moi, j'aime les fruits.

                                          Moi, aussi.

Moi, j'aime les fraises.

                                          Moi, aussi.

Moi, j'aime les raisins.

                                          Moi, aussi.

Les ananas et les cerises.

                                          Moi, aussi.

Les oranges et les pommes.

                                          Moi, aussi.

Les bananes, et les mangues...

                                          Moi, aussi.

Les poires, et les pêches...

                                          Moi, aussi.

Moi, j'aime tous les fruits!

                                          Moi, aussi.

JE VIENS DE LA FRANCE (Samba Variation)

Je viens de la France, français je suis né.
La capitale est Paris. Alors, j'y vais.

Je viens de la Suisse, suisse je suis né.
La capitale est Berne. Alors, j'y vais.

Je viens de la Belgique, belge je suis né.
La capitale est Bruxelles. Alors, j'y vais.

Je viens du Canada, canadien je suis né.
La capitale est Ottawa. Alors, j'y vais.

Je viens du Sénégal, sénégalais je suis né.
La capitale est Dakar. Alors, j'y vais.

Je viens de la Guadeloupe, guadeloupien je suis né.
La capitale est Basse Terre. Alors, j'y vais.

Je viens de Haïti, haïtien je suis né.
La capitale est Port-au-Prince. Alors, j'y vais.

Je viens du Luxembourg, luxembourgeois je suis né.
La capitale est Luxembourg. Alors, j'y vais.

Je viens de la Martinique, martiniquais je suis né.
La capitale est Fort de France. Alors, j'y vais.

JE VIENS DES ETATS-UNIS (Samba Variation)

Je viens des Etats-Unis, americain je suis né.
La capitale est Washington. Alors, j'y vais.

Je viens de l'Angleterre, anglais je suis né.
La capitale est Londres. Alors, j'y vais.

Je viens du Japon, japonais je suis né.
La capitale est Tokyo. Alors, j'y vais.

Je viens du Portugal, portugais je suis né:
La capitale est Lisbonne: Alors, j'y vais.

Je viens de la Chine, chinois je suis né.
La capitale est Bajing. Alors, j'y vais.

Je viens de l'Italie, italien je suis né.
La capitale est Rome. Alors, j'y vais.

Je viens de l'Espagne, espagnol je suis né.
La capitale est Madrid. Alors, j'y vais.

Je viens de l'Allemagne, allemand je suis né.
La capitale est Berlin. Alors, j'y vais.

Je viens de la Russie, russe je suis né.
La capitale est Moscou. Alors, j'y vais.

Je viens du Mexique, mexicain je suis né.
La capitale est Mexico. Alors, j'y vais.

JE VAIS AU MAGASIN (Haitian Meringue #1)

Je vais au magasin, ça je sais.
      Pourquoi vas-tu au magasin, Andrée?

Je vais au magasin pour acheter
Des choses qui sont une nécessité.

Je vais à la banque, ça je sais.
      Pourquoi vas-tu à la banque, Andrée?

Je vais à la banque, pour sortir de l'argent
Pour acheter des choses qui me font plaisir.

Je vais à la poste, ça je sais.
      Pourquoi vas-tu à la poste, Andrée?

Je vais à la poste, pour envoyer une lettre
A mon petit ami qui s'appelle René.

Je vais à l'école, ça je sais.
      Pourquoi vas-tu à l'école, Andrée?

Je vais à l'école pour apprendre à penser,
A lire, à écrire, et surtout le français.

Je vais au parc, ça je sais.
      Pourquoi vas-tu au parc, Andrée?

Je vais au parc pour m'amuser,
Courir, et crier, et aussi jouer.

Je vais au cinéma, ça je sais.
      Pourquoi vas-tu au cinéma, Andrée?

Je vais au cinéma pour voir
un drôle film qui commence à midi.

Je vais chez moi, ça je sais.
      Pourquoi vas-tu chez toi, Andrée?

Je vais chez moi sans m'arrêter
Pour embrasser ma mère et manger le goûter.

MA MAISON (Cajun Waltz)

Ma maison, c'est l'endroit où je vis
Très content avec ma famille; hier, demain, aujourd'hui.

La cuisine, la cuisine, c'est la pièce où je suis
Quand j'ai très, très faim; hier, demain, aujourd'hui.

Le salon, le salon, c'est la piéce où je suis
Pour m'asseoir sur le sofa; hier, demain, aujourd'hui.

La salle de bains, salle de bains, c'est la pièce où je suis
Pour me laver les mains; hier, demain, aujourd'hui.

La chambre à coucher, c'est la pièce où je suis
Pour me coucher dans mon lit; hier, demain, aujourd'hui.

Le sous-sol, sous-sol, c'est l'endroit où je suis
Pour ranger mes vieux skis; hier, demain, aujourd'hui.

Le garage, le garage, c'est l'endroit où je suis
Pour ranger la voiture; hier, demain, aujourd'hui.

Le balcon, le balcon, c'est l'endroit où je suis
Pour regarder les voitures; hier, demain, aujourd'hui.

Le jardin, le jardin, c'est l'endroit où je suis
Pour regarder mes fleurs; hier, demain, aujourd'hui.

HELENE, HELENE (Original)

Hélène, Hélène, il faut avouer,
Je t'aime, je t'adore. Tu veux m'épouser?
Toujours quand je pense, je pense seulement à toi,
A toi, ** à toi, ** à toi, à toi, à toi. **

    A moi, ** à moi, ** à moi, à moi, à moi? **
    Toujours quand tu penses, tu penses seulement à moi? **

Tout ce que je fais, je le fais pour toi,
Pour toi, ** pour toi, ** pour toi, pour toi, pour toi. **

    Pour moi, ** pour moi, ** pour moi, pour moi, pour moi? **
    Tout que tu fais, tu fais pour moi?

Chaque fois que je rêve, je rêve avec toi,
Avec toi, ** avec toi, ** avec toi, avec toi, avec toi.

    Avec moi, ** avec moi, ** avec moi, avec moi, avec moi? **
    Chaque fois que tu rêves, tu rêves avec moi? **

Quand je me promène, c'est à tes côtés,
A tes côtés ** tes côtés, ** de toi, de toi, de toi. **

    A côté ** de moi, ** de moi, de moi, de moi? **
    Quand tu te promènes, c'est à côté de moi? **

J'aurais le coeur brisé de vivre sans toi,
Sans toi, ** sans toi, ** sans toi, sans toi, sans toi. **

    Sans moi, ** sans moi, ** sans moi, sans moi, sans moi? **
    Tu aurais le coeur brisé de vivre sans moi? **

Maintenant je voudrais savoir ce que tu penses de moi,
De moi, ** de moi, ** de moi, de moi, de moi? **

    De toi, ** de toi, ** de toi, de toi, de toi? **
    Tu voudrais savoir, mon amour, ce que je pense de toi?
    Je voudrais passer ma vie ** près de toi,
    Je voudrais t'épouser, André? Oui, oui, oui. **

QUE FAITES-VOUS? (Cajun 2-step)

Je suis professeur et j'aime enseigner
Les choses aux enfants. ** Que faites-vous?

Je suis facteur et j'aime distribuer
Les lettres aux gens. ** Que faites-vous?

Je suis pompier et j'aime bien éteindre
Les feux des maisons. ** Que faites-vous?

Je suis agent de police et j'aime maintenir
La paix dans toute la ville. ** Que faites-vous?

Je suis charpentier et j'aime construire
Des choses en bois. ** Que faites-vous?

Je suis avocat et j'aime protéger
Les droits des gens. ** Que faites-vous?

Je suis médecin et j'aime guérir
Les pauvres malades. ** Que faites-vous?

Je suis coiffeur et j'aime peigner
Les cheveux de mes clientes. ** Que faites-vous?

Je suis fermier et j'aime produire
De la nourriture. Maintenant c'est à vous!

VOICI CE QUE JE FAIS (Cajun Waltz)

Je suis une femme et je m'appelle Chloé.
Voici les choses quotidiennes que je fais.

D'abord je me réveille avec mon réveil,
Je me lève très vite et je quitte le sommeil.

Je me baigne et je me lave avec du savon,
Je me parfume rapidement pour sentir bon.

Je me sèche et je m'habille rapidement,
Je me peigne et je me brosse bien les dents.

Je me regarde dans la glace pour bien assurer
Que tout est bien et maintenant le petit déjeuner!

Je me prépare du café et un peu de pain,
Je bois et je mange et je me lave les mains.

Je sors de la maison en descendant l'escalier,
Je monte dans la voiture et je la fais démarrer.

J'arrive à mon bureau bien prête à travailler,
Mais à la fin du jour, je suis bien fatiguée!

Je rentre à la maison où je me repose les pieds,
Je m'assieds sur le sofa pour me défatiguer.

JE VEUX APPLAUDIR (Original)

Je veux applaudir. ** Je veux applaudir. **
En haut, en haut, en bas, en bas.
Je veux applaudir. **

J'aime applaudir. ** J'aime applaudir. **
Devant, devant, derrière, derrière.
J'aime applaudir. **

J'ai besoin d'applaudir. ** J'ai besoin d'applaudir. **
Tout autour, tout autour, au milieu, au milieu.
J'ai besoin d'applaudir. **

Il faut applaudir. ** Il faut applaudir. **
A droite, à droite, à gauche, à gauche.
Il faut applaudir. **

Je voudrais applaudir. ** Je voudrais applaudir. **
Au centre, au centre, à l'extérieur.
Je voudrais applaudir. **

Je veux applaudir. ** Je veux applaudir. **
En haut, en bas, devant, derrière, tout autour, au milieu,
A droite, à gauche, au centre, à l'extérieur.
Je veux applaudir. **

J'AI MAL A LA TETE (Haitian Meringue #2)

J'ai mal à la tête. Qu'est-ce que je fais?

        Prends des aspirines et ça va passer.

J'ai mal à l'estomac. Qu'est-ce que je fais?

        Couche-toi vite et ça va passer.

J'ai mal aux bras. Qu'est-ce que je fais?

        Fais-les se reposer et ça va passer.

J'ai mal aux mains. Qu'est-ce que je fais?

        Mets de la crème et ça va passer.

J'ai mal aux jambes. Qu'est-ce que je fais?

        Assieds-toi et ça va passer.

J'ai mal aux pieds. Qu'est-ce que je fais?

        Mets-les dans l'eau froide et ça va passer.

J'ai mal à tout le corps. Qu'est-ce que je fais?

        Couche-toi vite et ça va passer.

J'AI FAIM (Zydeco 2-step)

J'ai faim, j'ai faim, j'ai faim,
Et je veux manger.

J'ai honte, j'ai honte, j'ai honte,
Et je veux me cacher.

J'ai soif, j'ai soif, j'ai soif,
Et je veux boire.

J'ai froid, j'ai froid, j'ai froid,
Et je veux me chauffer.

J'ai chaud, j'ai chaud, j'ai chaud,
Et je veux nager.

J'ai peur, j'ai peur, j'ai peur,
Et je veux pleurer.

J'ai sommeil, j'ai sommeil, j'ai sommeil,
Et je veux dormir.

J'ai _____ ans, j'ai _____ ans, j'ai _____ ans
Et je veux _____ .

L'ANNIVERSAIRE DE JACQUES (Cajun Slow Drag)

Où sont les fleurs?
Les envoies-tu à Jacques?

Je les vois,
Oui, je les lui envoie.

Où sont les cadeaux?
Les donnes-tu à Jacques?

Je les vois,
Oui, je les lui donne.

Où est la carte?
L' écris-tu à Jacques?

Je la vois,
Oui, je la lui écris.

Où est l'argent?
Le prêtes-tu à Jacques

Je le vois,
Oui, je le lui prête.

Où est le gâteau?
Le donnes-tu à Jacques?

Je le vois,
Oui, je le lui donne.

Où est la chanson?
La chantes-tu à Jacques?

Je la vois,
Oui, je la lui chante.

Où sont les bonbons?
Les donnes-tu à Jacques?

Je les vois,
Oui, je les lui donne.

Où est Jacques?
Embrasses-tu Jacques?

Je le vois,
Oui, je l'embrasse.

Dis-tu "Bon Anniversaire" à Jacques, ton ami?

Oui, je le lui dis
Même aujourd'hui.

LA PETITE AMIE IMPERTINENTE (Cajun Slow drag)

Pourquoi es-tu venu?

    Je suis venu pour te voir.

Où est-ce que tu étais?

    J'étais dans ma voiture.

Où es-tu allé?

    Je suis allé nulle part.

Qu'est-ce que tu as attrapé?

    J'ai attrapé mal à la tête.

N'as-tu pas su te guérir?

    Je n'ai pas su quoi faire.

N'as-tu pas voulu entrer?

    Je n'ai pas voulu t'ennuyer.

N'as-tu pas pu me demander?

    Je n'ai pas pu le faire.

Qu'as-tu fait alors?

    J'ai fait un peu de yoga.

Qu'est-ce que tu m'as apporté?

    Je t'ai apporté des fleurs.

Qu'as-tu mis dans ta poche?

    J'ai mis une bague.

Qu'as-tu dit? Qu'as-tu dit?

    Si tu veux être ma femme.

Si la bague a un diamant,
Peut-être demain je te répondrai.

CONSEILS DES PARENTS (Caribbean)

Ta nouvelle école sera bonne, tu vas voir.

Fais ce que nous te disons et tu vas savoir.

Va aux cours de bonne heure.

                                              Ne va pas aux cours en retard.

Sois un jeune intelligent.

                                              Ne sois pas ignorant.

Dis les réponses correctes.

                                              Ne dis pas de bêtises.

Fais bien les devoirs.

                                              Ne les fais pas mal.

Mets-les dans ton cartable.

                                              Ne les mets pas dans ta poche.

Fais attention quand tu écris.

                                              Ne sois pas si pressé.

Sors quand tu as le droit.

                                              Ne sors pas sans demander.

            Je ferai tout ce que vous me dites,
            Je ne sais pas si je vais l'aimer.
            Mais je serai content
            Quand je sortirai pour jouer!

RÉVISION DE TEMPS I (Cajun Can-Can)

Marcher, marcher, je veux marcher.
Je marchais autrefois et hier j'ai marché.
Je marcherai demain mais une chose que je sais,
En marchant ainsi, je suis tellement fatigué.

Parler, parler, je veux parler.
Je parlais autrefois et hier j'ai parlé.
Je parlerai demain mais une chose que je sais,
En parlant ainsi, je suis tellement fatigué.

Manger, manger, je veux manger.
Je mangeais autrefois et hier j'ai mangé.
Je mangerai demain mais une chose que je sais,
En mangeant ainsi, je suis tellement fatigué!

Finir, finir, je veux le finir ici.
Je finissais autrefois et hier je l'ai fini aussi.
Je finirai ici demain mais une chose que je sais,
En finissant ainsi, je suis vraiment fatigué.

Répondre, répondre, je veux y répondre ici.
Je le répondais autrefois et hier j' y ai répondu aussi.
Je le répondrai ici demain mais une chose que je sais,
En le répondant ainsi, je suis vraiment fatigué.

Apprendre, apprendre, je veux l'apprendre ici.
Je l'apprenais ici autrefois et hier j' y ai appris aussi.
Je l'apprendrai ici demain, mais une chose que je sais,
En l'apprenant ainsi, je suis vraiment fatigué.

ALLONS PARLER

Allons parler du verbe _____.
_____, _____ veut dire _____.

je _____   nous _____

tu _____   vous _____

il _____   ils _____
et elle aussi.   et elles aussi.

Allons parler du verbe _____.
_____, _____ veut dire _____.

je _____   nous _____

tu _____   vous _____

il _____   ils _____
et elle aussi.   et elles aussi.

Allons parler du verbe _____.
_____, _____ veut dire _____.

je _____   nous _____

tu _____   vous _____

il _____   ils _____
et elle aussi.   et elles aussi.

Allons parler du verbe _____.
_____, _____ veut dire _____.

je _____   nous _____

tu _____   vous _____

il _____   ils _____
et elle aussi.   et elles aussi.

LES RYTHMES ET LES CANTIQUES
POUR LA CLASSE DE FRANCAIS

Pour commencer la classe

    Quelle joie! Quelle joie!
    La classe de français **
    Encore une fois!

Quand quelqu'un est absent

    ____ est absent. **
    Mais il est dans nos pensées.
    Nous disons ce petit chant, **
    Que demain il pourra rentrer!

Quand tous y sont

    Nous sommes tous ici! **
    Nous sommes tous ici! **
    Nous voulons apprendre, oui, oui!
    Nous sommes tous ici!

Quand quelqu'un est rentrer

    Cher _____,
    Que nous sommes contents
    De te revoir de bonne santé.
    Les jours de ton absence,
    Tu nous as bien manqué.

Quand il y a du chewing-gum

    J'aime bien le français.
    Toujours j'adore le parler.
    Mais les mots je ne peux pas prononcer,
    Quand j'ai le chewing à mâcher!

Quand on oublie les devoirs

    Je regrette d'avouer
    Que mes devoirs j'ai oubliés.
    Je sais que c'est inexcusable,
    Je suis complètement responsable.

Quand on arrive en retard

    Je suis en retard, je regrette.
    J'ai honte et je baisse la tête.
    Mais demain je serai plus content
    Parce que j'arriverai en avance.

Avant d'un examen

    Quelle chance que nous passons
    Un petit examen aujourd'hui!
    Maintenant on va savoir
    La fille intelligente que je suis!

RIMES GENERALES

LA SOURIS VERTE

Une souris verte,
Qui courrait dans l'herbe,
Je l'attrape par la queue,
Je la montre à ces messieurs,
Ces messieurs me disent:
"Trempez-la dans l'huile,
Trempez-la dans l'eau,
Ça vous fera un escargot,
Tout chaud!"
Je la mets dans mon placard,
Elle me dit qu'il fait trop noir,
Je la mets dans mon chapeau,
Elle me dit qu'il fait trop chaud.

AU CLAIR DE LA LUNE

Au clair de la lune,
Mon ami Pierrot,
Prête-moi ta plume
Pour ècrire un mot.
Ma chandelle est morte,
Je n'ai plus de feu.
Ouvre-moi la porte
Pour l'amour de Dieu.

LE LOUP

Promenons-nous dans les bois,
Pendant que le loup n'y est pas,
Si le loup y était, il nous mangerait.
"Loup y es-tu?" "Non."
"Loup y es-tu?" "Oui!!!"
"Que fais-tu?" "J'enfile mes chaussettes."
"Que fais-tu?" "Je mets mon chapeau."
"Je viens."

BONBONS

Un bonbon, que c'est bon,

Deux bonbons, que c'est bon,

Trois bonbons, que c'est bon,

Mets ton petit coeur contre mon coeur,

C'est encore meilleur.

LES MARIONNETTES

Ainsi font, font, font, les petites marionnettes,

Ainsi font, font, font, trois p'tit tours,

Et puis s'en vont.

POLICHINELLE

Polichinelle, monte à l'échelle, un bareau

Et tombe à l'eau.

1,2,3

Un, deux, trois,

Allons dans les bois,

Quatre, cinq, six,

Cueillir des cerises,

Sept, huit, neuf,

Avec au panier tout neuf.

REVISION DE TEMPS II (Cajun Can-Can)

Etre, être, je veux être ici.
J'étais ici autrefois et hier j''y étais aussi.
Je serai ici demain mais une chose que je sais,
En étant ici, je suis fatigué.

Aller, aller je veux aller ici.
J'allais ici autrefois et hier j'y suis allé aussi.
J'irai ici demain, mais une chose que je sais,
En allant ici, je suis vraiment fatigué.

Vivre, vivre, je veux vivre ici:
Je vivais ici autrefois et hier j'y ai vécu aussi.
Je vivrai ici demain, mais une chose que je sais,
En vivant ici longtemps, je suis vraiment fatigué.

Faire, faire, je veux le faire ici.
Je le faisais ici autrefois et hier je l'ai fait aussi.
Je le ferai ici demain, mais une chose que je sais,
En le faisant ici, je suis vraiment fatigué.

Dire, dire, je veux le dire ici.
Je le disais ici autrefois et hier je l'ai dit aussi.
Je le dirai demain, mais une chose que je sais,
En le disant ici, je suis vraiment fatigué.

POUR ECOUTER ET ECRIRE

QUI EST...? (General Caribbean)

Qui est la ____ de ma maman?

                                                                    C'est ta _____.

Qui est le ____ de mon papa?

                                                                    C'est ton _____.

Qui est la ____ de ma maman?

                                                                    C'est ta ____.

Qui est le ____ de mon papa?

                                                                    C'est ton ____.

Qui est la ____ de mon papa?

                                                                    C'est ta ____.

Qui est le ____ de ma maman?

                                                                    C'est ton ____.

Qui sont les _____ de ma tante et mon ____?

                                                                    Ce sont tes _____.

Qui est le ____, le fils, le ____?

                                                                    Ça c'est toi!

LE CORPS (Haitian Zouk)

Les ____, le ___, les _____, la _____,
Regarder, renifler, écouter, parler.

Les ____ que j'ai sont...   pour _____.
Le ___ au milieu est...   pour _____.
Les _____ me servent...   pour _____.
Et la jolie _____...   pour ____.

Les ____, les ___, les _____, les ____,
Lavées, lever, marcher, danser.

Les ____, toujours sales...   pour être _____.
Et ça ce sont les ____...   pour les ____.
Les _____ sont très utiles...   pour _____.
Et les ____ je m'en sers...   pour _____.

LE TEMPS (Cajun Jig)

_____ fait-il dehors, dehors, dehors?
Quel temps fait-il dehors, aujourd'hui, _____?

Il _____, monsieur, du soleil.
Allons dehors pour _____ et nager.

_____ fait-il dehors, dehors, dehors?
Quel temps fait-il dehors aujourd'hui, _____?

_____, mon amour, fait chaud, très chaud.
Mets la clim, s'il te plaît, _____.

Quel temps _____, dehors, dehors?
Quel temps fait-il dehors aujourd'hui, aujourd'hui?

_____, du vent, du vent, du vent.
C'est dur de _____; je suis sur _____.

Quel temps _____, dehors, dehors?
Quel temps fait-il dehors aujourd'hui, _____?

Il fait froid, oui, froid, _____.
Je vais patiner à ma grande joie.

_____, dehors, dehors?
Quel temps fait-il dehors aujourd'hui, _____?

Il _____, il pleut, il pleut.
De joli soleil, nous en _____:

_____, dehors, dehors?
Quel temps fait-il dehors aujourd'hui, aujourd'hui?

Il _____, il neige, il neige.
Je vais porter l'anorak ____.

Quel temps fait-il dehors, _____, _____?
Quel temps fait-il dehors aujourd'hui, aujourd'hui?

Il y a des nuages, _____, des nuages.
Le jour _____ a perdu le bon _____.

MOI, J'AIME LES FRUITS (Haitian Rara)

Moi, j'aime les fruits.

                                              Moi, aussi.

Moi, j'aime les _____.

                                              Moi, aussi.

Moi, j'aime les _____.

                                              ___, aussi.

Les _____ et les _____.

                                              Moi, aussi.

Les _____ et les _____.

                                              Moi, aussi.

Les _____, et les _____...

                                              Moi, ____.

Les _____, et les pêches...

                                              Moi, aussi.

Moi, j'aime _____!

                                              _____.

JE VIENS DE LA FRANCE (Samba Variation)

Je viens de la France, _____ je suis né.
La capitale est ____. Alors, j'y vais.

Je viens de la Suisse, _____ je suis né.
La capitale est ____. Alors, j'y vais.

Je viens de la Belgique, _____ je suis né.
La capitale est _____. Alors, j'y vais.

Je viens du Canada, _____ je suis né.
La capitale est _____. Alors, j'y vais.

Je viens du Sénégal, _____ je suis né.
La capitale est ____. Alors, j'y vais.

Je viens de la Guadeloupe, _____ je suis né.
La capitale est _____. Alors, j'y vais.

Je viens de Haiti, _____ je suis né.
La capitale est _____. Alors, j'y vais.

Je viens du Luxembourg, _____ je suis né.
La capitale est _____. Alors, j'y vais.

Je viens de la Martinique, _____ je suis né.
La capitale est _____. Alors, j'y vais.

JE VIENS DES ETATS-UNIS (Samba Variation)

Je viens des Etats-Unis, _____ je suis né.
La capitale est _____. Alors, j'y vais.

Je viens de _____, anglais je suis né.
La capitale est _____. Alors, j'y vais.

Je viens du ____, _____ je suis né.
La capitale est Tokyo. Alors, j'y vais.

Je viens du Portugal, _____ je suis né:
La capitale est _____: Alors, j'y vais.

Je viens de la _____, chinois je suis né.
La capitale est _____. Alors, j'y vais.

Je viens de _____, italien je suis né.
La capitale est ___. Alors, j'y vais.

Je viens de _____, _____ je suis né.
La capitale est Madrid. Alors, j'y vais.

Je viens de l'Allemagne, _____ je suis né.
La capitale est _____. Alors, j'y vais.

Je viens de la Russie, _____ je suis né.
La capitale est _____. Alors, j'y vais.

Je viens du _____, _____ je suis né.
La capitale est Mexico. Alors, j'y vais.

JE VAIS AU MAGASIN (Haitian Meringue #1)

Je vais au magasin, ça _____.
               _____ vas-tu au magasin, Andrée?

Je vais au _____ pour acheter
Des choses qui sont une _____.

Je vais à la _____, ça je sais.
             Pourquoi _____ à la _____, Andrée?

Je vais à la _____, pour sortir de l'argent
Pour _____ des choses qui me font _____.

Je vais à la ____, ça je sais.
            _____ vas-tu à la ____, Andrée?

Je _____, pour envoyer _____
A mon petit ami _____ René.

Je vais à _____, ça je sais.
           Pourquoi vas-tu à _____, Andrée?

Je vais à _____ pour _____ à penser,
A lire, à écrire, et surtout le français.

Je vais au parc, _____.
           Pourquoi _____ au parc, Andrée?

Je vais au parc _____,
Courir, _____, et aussi jouer.

Je vais au _____, ça je sais.
           Pourquoi vas-tu au _____, Andrée?

Je vais au cinéma _____
un _____ qui commence _____.

Je vais _____, ça je sais.
           Pourquoi vas-tu _____, Andrée?

Je vais _____ sans m'arrêter
Pour _____ ma mère et manger _____.

MA MAISON (Cajun Waltz)

Ma maison, c'est _____ où je vis
Très content _____; hier, demain, aujourd'hui.

_____, _____, c'est la ____ où je suis
Quand j'ai très, _____; hier, demain, aujourd'hui.

_____, _____, c'est la piéce _____
Pour m'asseoir _____; hier, demain, aujourd'hui.

La _____, _____, c'est la pièce où je suis
Pour me ____ les mains; ___, _____, aujourd'hui.

La _____, c'est la pièce où je suis
Pour me coucher _____; ___, _____, aujourd'hui.

Le _____, _____, c'est l'endroit où je suis
Pour _____ mes vieux ___; hier, demain, aujourd'hui.

Le garage, le garage, c'est _____ où je suis
_____ la voiture; hier, _____, aujourd'hui.

_____, _____, c'est l'endroit où je suis
Pour _____ les _____; hier, demain, aujourd'hui.

Le _____, _____, c'est l'endroit _____
Pour regarder _____; ___, _____, _____.

33

HELENE, HELENE (Original)

Hélène, Hélène, _____ avouer,
_____, je t'adore. _____ m'épouser?
Toujours quand _____, _____ seulement à toi,
A toi, ** à toi, ** à toi, à toi, à toi. **

      A moi, ** à moi, ** à moi, à moi, à moi? **
      Toujours quand _____, _____ seulement à moi? **

Tout ce que _____, _____ pour toi,
Pour toi, ** pour toi, ** pour toi, pour toi, pour toi. **

      Pour moi, ** pour moi, ** pour moi, pour moi, pour moi? **
      Tout que _____, _____ pour moi?

_____ fois que _____, _____ avec toi,
Avec toi, ** avec toi, ** avec toi, _____, avec toi.

      Avec moi, ** _____, ** avec moi, avec moi, avec moi? **
      Chaque fois que _____, _____ avec moi? **

Quand je me promène, c'est à _____,
A _____ ** _____, ** de toi, de toi, de toi. **

      _____ ** de moi, ** de moi, de moi, de moi? **
      Quand tu _____, c'est _____? **

J'aurais le coeur brisé de _____,
Sans toi, ** sans toi, ** sans toi, sans toi, sans toi. **

      Sans moi, ** sans moi, ** sans moi, sans moi, sans moi? **
      _____ le coeur brisé de _____? **

Maintenant _____ ce que tu penses de moi,
_____, ** _____, ** _____, _____, _____? **

      _____, ** _____, ** _____, _____, _____? **
      _____, mon amour, ce que je pense de toi?
      Je voudrais _____ ** près de toi,
      Je voudrais t'épouser, André? ___, ___, ___. **

QUE FAITES-VOUS? (Cajun 2-step)

Je suis _____ et j'aime _____
Les choses _____. ** Que faites-vous?

Je suis _____ et j'aime _____
_____ aux gens. ** Que faites-vous?

Je suis _____ et j'aime _____
_____ des maisons. ** Que faites-vous?

Je suis _____ et j'aime _____
_____ dans toute la ville. ** Que faites-vous?

Je suis charpentier et j'aime _____
Des choses _____. ** Que _____?

Je suis _____ et j'aime protéger
Les _____. ** Que faites-vous?

Je suis médecin et j'aime _____
Les _____. ** _____?

Je suis _____ et j'aime _____
Les cheveux de _____. ** Que faites-vous?

_____ et j'aime produire
De la nourriture. _____!

35

VOICI CE QUE JE FAIS (Cajun Waltz)

Je suis _____ et _____ Chloé.
Voici les choses quotidiennes _____.

D'abord je _____ avec mon _____,
_____ très vite et _____ le sommeil.

_____ et je _____ avec du savon,
Je me parfume _____ pour sentir bon.

Je _____ et je m'habille _____,
Je _____ et je me brosse bien _____.

_____ dans la glace _____ assurer
Que _____ et maintenant le petit déjeuner!

Je me prépare _____ et un peu _____,
Je bois et _____ et je me lave _____.

_____ de la maison en descendant _____,
Je monte dans _____ et je la fais _____.

J'arrive _____ bien prête à _____,
Mais à la fin _____, je suis bien _____!

Je rentre _____ où je me repose _____,
Je m'assieds _____ pour me _____.

JE VEUX APPLAUDIR (Original)

Je veux applaudir. ** Je veux applaudir. **
En ___, en ___, _____, _____.
Je veux applaudir. **

_____ applaudir. ** _____ applaudir. **
_____, _____, _____, _____.
J'aime applaudir. **

_____ d'applaudir. ** _____ d'applaudir. **
Tout _____, tout _____, au milieu, _____.
J'ai besoin d'applaudir. **

_____ applaudir. ** _____ applaudir. **
A droite, _____, à gauche, _____.
Il faut applaudir. **

Je _____ applaudir. ** Je voudrais applaudir. **
Au _____, au centre, _____.
Je voudrais applaudir. **

Je veux applaudir. ** Je veux applaudir. **
En ___, en bas, _____, derrière, _____, au milieu,
_____, à gauche, _____, à l'extérieur.
Je veux applaudir. **

37

J'AI MAL A LA TETE (Haitian Meringue #2)

J'ai mal _____. Qu'est-ce que je fais?

                    Prends _____ et ça va passer.

J'ai mal _____. Qu'est-ce que je fais?

                    Couche-toi ___ et ça va passer.

J'ai mal _____. _____ que je fais?

                    _____ se reposer et ça va passer.

_____ aux mains. Qu'est-ce _____?

                    ___ de la crème et ça va passer.

J'ai mal _____. Qu'est-ce que je fais?

                    Assieds-toi et _____.

_____ aux pieds. Qu'est-ce que je fais?

                    _____ dans l'eau _____ et ça va passer.

J'ai mal à _____. Qu'est-ce que je fais?

                    _____ vite et ça va passer.

J'AI FAIM (Zydeco 2-step)

J'ai faim, j'ai faim, j'ai faim,

_____ manger.

J'ai ____, j'ai ____, j'ai ____,

Et je veux me _____.

J'ai ___, j'ai ___, j'ai ___,

Et je veux ____.

_____, j'ai froid, j'ai froid,

Et je veux _____.

_____, _____, _____,

Et je veux ____.

J'ai ___, j'ai peur, j'ai ___,

_____ pleurer.

_____, _____, _____,

_____ dormir.

J'ai _____, j'ai _____, j'ai _____

Et je veux _____ .

L'ANNIVERSAIRE DE JACQUES (Cajun Slow Drag)

_____ les fleurs?
Les _____ à Jacques?

Je les ___,
Oui, _____ envoie.

Où sont les _____?
_____ à Jacques?

Je __ vois,
Oui, je les lui ____.

Où est la ____?
_____ à Jacques?

Je __ vois,
Oui, je _____ écris.

Où est _____?
__ prêtes-tu à Jacques

Je __ vois,
Oui, je _____ prête.

Où est le ____?
__ donnes-tu à Jacques?

Je __ vois,
Oui, je _____.

Où est la _____?
_____-tu à Jacques?

Je __ vois,
Oui, je _____.

Où sont _____?
_____-tu à Jacques?

Je __ vois,
Oui, je les _____.

Où est Jacques?
_____ Jacques?

Je __ vois,
Oui, je _____.

_____ "Bon Anniversaire" à Jacques, ton ami?

Oui, je __ lui dis
___ aujourd'hui.

LA PETITE AMIE IMPERTINENTE (Cajun Slow drag)

Pourquoi _____?

Où est-ce que _____?

Où es-_____?

Qu'est-ce que _____?

N'as-tu pas su te _____?

_____ voulu entrer?

N'as-tu pas pu me _____?

Qu'as-tu _____?

Qu'est-ce que tu _____?

_____ mis dans ta poche?

Qu'as-_____? Qu'as-_____?

Si la bague a _____,
Peut-être demain _____.

Je suis venu pour _____.

J'étais dans _____.

_____ allé nulle part.

_____ mal à la tête.

Je n'ai pas su _____.

Je n'ai pas voulu _____.

Je n'ai pas pu _____.

_____ un peu de yoga.

_____ des fleurs.

J'ai mis _____.

_____ être ma femme.

CONSEILS DES PARENTS (Caribbean)

Ta _____ école sera ____, tu vas voir.

_____ que nous te disons et _____ savoir.

_____ cours de bonne heure.

_____ pas aux ____ en retard.

____ un jeune intelligent.

_____ pas ignorant.

_____ réponses correctes.

_____ pas de bêtises.

____ bien les _____.

_____ pas mal.

_____ dans ton cartable.

_____ pas dans ta poche.

____ attention quand _____.

_____ pas si pressé.

____ quand tu as le ____.

Ne sors pas sans _____.

_____ tout ce que vous _____,
Je ne sais pas si je vais _____.
Mais _____ content
Quand je sortirai _____!

42

REVISION DE TEMPS I (Cajun Can-Can)

_____, _____, je veux _____.
_____ autrefois et hier _____.
_____ demain mais une chose que je sais,
En _____ ainsi, je suis tellement fatigué.

_____, _____, je veux _____.
_____ autrefois et hier _____.
_____ demain mais une chose que je sais,
En _____ ainsi, je suis tellement fatigué.

_____, _____, je veux _____.
_____ autrefois et hier _____.
_____ demain mais une chose que je sais,
En _____ ainsi, je suis tellement fatigué!

_____, _____, je veux le _____ ici.
_____ autrefois et hier je _____ aussi.
_____ ici demain mais une chose que je sais,
En _____ ainsi, je suis vraiment fatigué.

_____, _____, je veux y _____ ici.
_____ autrefois et hier _____ aussi.
_____ ici demain mais une chose que je sais,
En le _____ ainsi, je suis vraiment fatigué.

_____, _____, je veux _____ ici.
_____ ici autrefois et hier _____ aussi.
_____ ici demain, mais une chose que je sais,
En _____ ainsi, je suis vraiment fatigué.

REVISION DE TEMPS II (Cajun Can-Can)

____, ____, je veux ____ ici.
_____ ici autrefois et hier _____ aussi.
_____ ici demain mais une chose que je sais,
_____ ici, je suis fatigué.

____, ____ je veux _____ ici.
_____ ici autrefois et hier _____ allé aussi.
_____ ici demain, mais une chose que je sais,
En _____ ici, je suis vraiment fatigué.

_____, _____, je veux _____ ici:
_____ ici autrefois et hier _____ aussi.
_____ ici demain, mais une chose que je sais,
En _____ ici longtemps, je suis vraiment fatigué.

_____, _____, je veux _____ ici.
_____ ici autrefois et hier _____ aussi.
_____ ici demain, mais une chose que je sais,
En _____ ici, je suis vraiment fatigué.

____, ____, je veux _____ ici.
_____ ici autrefois et hier _____ aussi.
_____ demain, mais une chose que je sais,
En le _____ ici, je suis vraiment fatigué.

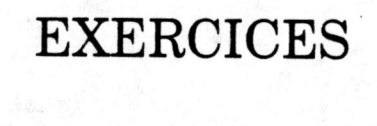

EXERCICES

LA SEMAINE - EXERCICES

A. HORAIRE - Some people do certain things on certain days. Write (or explain orally) what you do on which day.

	je mange	je fais	je vais
dimanche	_____	_____	_____
lundi	_____	_____	_____
mardi	_____	_____	_____
mercredi	_____	_____	_____
jeudi	_____	_____	_____
vendredi	_____	_____	_____
samedi	_____	_____	_____

B. QUESTIONS - Answer these questions in your own way.

1. Pourquoi ou pourquoi pas le dimanche est spécial?
   _____

2. Explique pourquoi le lundi est mauvais pour certaines personnes?
   _____

3. Quelle est l'origine des noms des jours?
   lundi_____   vendredi_____
   mardi_____   samedi _____
   mercredi_____   dimanche_____
   jeudi_____

4. Pourquoi ou pourquoi pas le vendredi est bon?
   _____

5. Qu'est-ce que tu as fait toute la semaine? (travailler tout le temps)
   _____

6. Considères-tu le samedi comme un jour pour jouer? Explique.
   _____

7. Cette semaine (ou la semaine prochaine), que vas-tu faire de différent?
   _____

C. VARIATION - Vary "Vendredi" by changing the underlined words.
   Ex: Aujourd'hui c'est samedi vais nager, mais demain c'est dimanche et je vais étudier. Bravo!

MON CORPS/MAL A TETE - EXERCICES

A. DESSINS - Try to form a body part by using only the letters of the word which names the part: Example:

B. VOCABULAIRE - Write down the correct term for the following people.

1. Celui qui ne voit pas. _____

2. Celui qui ne parle pas. _____

3. Celui qui n'entend pas. _____

4. Celui qui utilise la main gauche plus que la main droite. _____

5. Celui à qui il manque la main ou le bras. _____

6. Celui à qui il manque un pied ou une jambe. _____

7. Celui à qui il manque un oeil. _____

(boiteux, aveugle, gaucher, sourd, manchot, borgne, muet)

C. DESCRIPTION - Write a letter to a friend that hasn't seen you for a while.

_____
_____
_____
_____
_____
_____
_____
_____
_____

LE TEMPS - EXERCICES

A. Complète - Finish the sentences.
 1. J'ai besoin de mon manteau parce que_____

 2. Je veux mon parapluie parce que_____

 3. J'aimerais un éventail parce que_____

 4. Fais attention à ton chapeau parce que_____

 5. Je mets les lunettes de soleil parce que_____

 6. Je crois qu'il va pleuvoir parce que_____

 7. Allons faire un bonhomme de neige! Regard_____

B. MINI-DIALOGUE - Finish the dialogue in your own way.
 1. Maman, il fait très froid dehors.

 Oui, mon fils,_____

 2. Pourquoi ne pas_____?

 Parce qu'il fait trop chaud.

 3. Oh, la, la! Qu'il fait chaud aujourd'hui!

 4. Qu'est-ce qu'il est arrivé à_____?

 Il faisait beaucoup de vent et_____

 5. Il pleut et je sais que_____

 Alors_____

 6. C'est superbe, il neige!_____
 Oui, maintenant nous pouvons_____

 7. C'est dommage que ce soit nuageux_____

 Je suis désolé_____

47

C. IMAGINATION - Invent your own ending to the following.

1. Allons dehors_____

2. Allume le_____

3. C'est dur de_____

4. A ma grande joie _____

5. Il n'y a plus de soleil_____

6. J'ai très froid et_____

7. Nous ne pouvons pas_____ parce qu'il y a tellement de nuages.

D. SENTIMENTS - Weather affects people in different ways. Write or describe orally how you feel in the various types of weather.

1. Quand il fait du soleil je me sens_____

2. Quand c'est nuageux_____

3. Quand il pleut_____

4. Quand il neige_____

5. Quand il fait froid_____

6. Quand il fait très chaud_____

7. Quand il y a du vent_____

J'AIME LES FRUITS - EXERCICES

A. PREFERENCES - One by one, name a fruit (or a vegetable) that you like (or don't like). The person next to you says, "moi aussi" or, "moi non plus". Try to maintain a consistent rhythm.

B. CATEGORIES - Classify the fruit according to the categories below.

1. Jus de _____

2. Confiture de _____

3. Bonbons au/à _____

4. Salade de _____

5. Glace à (au, aux) _____

6. On épluche _____

7. Graines comestibles _____

8. On ne trouve pas ici _____

C. DESCRIPTION - Describe one of the fruits mentioned in the "cantique" to a friend that doesn't know what it is. Use at least five descriptive sentences in your description.

1. _____

2. _____

3. _____

4. _____

5. _____

JE VAIS AU MAGASIN - EXERCICES

A. RESPONSES - Where are you when you say the following?

1. J'aimerais acheter des timbres._____
2. Où se trouve le détergente?_____
3. Après le déjeuner, nous allons étudier._____
4. Combien coûte l'entrée?_____
5. Veux-tu que je pousse la balançoire?_____
6. Je voudrais vérifier combien d'argent j'ai sur mon compte._____

B. MINI-DIALOGUE - Say what another person might say in response to the statements and questions in the previous exercise.

C. REPONSES - Answer the questions as fully as you can.

1. Vas-tu souvent à l'aéroport? Pour quelle raisons?
_____

2. Qu'est-ce qu'on trouve dans une pharmacie?
_____

3. Qu'est-ce qu'on peut faire dans une bibliothèque?
_____

4. Pourquoi crois-tu qu'il est difficile de travailler dans une quincaillerie?
_____

5. Décris ce que tu ferais si tu étais à la plage?
_____

6. Pourquoi beaucoup de personnes vont-elles à l'église?
_____

7. A quoi les gymnases servent-ils?
_____

8. Vas-tu souvent chez le coiffeur? Pourquoi?
_____

JE VIENS DE LA FRANCE - EXERCICES

A. CARTE - Draw a map of the countries mentioned in the "cantique". Include the capitals, major cities, rivers, lakes, mountains, and other points of interest.

B. MINI-DIALOGUE - Finish each stanza with a question and answer.

   Example: P. Pourquoi vas-tu si tôt en France?

   R. J'y vais parce que mon grand-père est malade.

   Q._____
   R._____
   Q._____
   R._____
   Q._____
   Q._____
   Q._____
   R._____
   Q._____
   Q._____

C. DESCRIPTION - Imagine that you are a travel agent and you are trying to convince someone to go to a particular country. Describe in detail the geography, politics, people, main tourist attractions, local customs, etc.

_____
_____
_____
_____
_____
_____
_____
_____

MA MAISON - EXERCICES

A. RELATIONS - Circle the word that does not belong in the group, then write the place where these objects can be found.

1. lit, oreiller, armoire, lavabo, commode_____

2. baignoire, douche, lavabo, robinet, cuisinière_____

3. machine à laver, sécheuse, boîte de conserver, lave-vaisselle, escalier_____

4. télévision, voiture, tondeuse à gazon, outil_____

5. cuisinière, sofa, tapis, télévision, stéréo_____

6. évier, drap, réfrigérateur, four, plats_____

B. CONVERSATION - Complete the sentence logically.

1. Mon fils, va à la salle de bains et_____

2. Va dans ta chambre et_____

3. Descends au sous-sol et_____

4. Va au garage et_____

5. Reste dans le salon et_____

6. Assieds-toi dans la cuisine et_____

7. Va en haut sur le balcon et_____

8. Va vite dehors dans la cour_____

C. DESCRIPTION - You have invited a blind friend to your house and want to give him a tour. Describe your house to him in detail.

HELENE - EXERCICES

A. IMAGINE - Answer these questions using your imagination.

1. Quel âge ont André et Hélène?_____

2. Est-ce que André pense-t-il souvent à Hélène?_____

3. En plus d'Hélène, qui André regarde-t-il? Pourquoi?

   _____

4. Quelles choses a-t-il achetées pour Hélène?_____

5. Décris à quoi André rêve._____

6. Explique les choses que André a fait pour Hélène._____

   _____

7. S'ils se marrient, vont-ils être heureux? Explique._____

   _____

B. LA DOUTEUSE - Imagine that Hélène doubts everything that André is saying to her. Write or say what she says to him.

   Example: "A moi, à moi..."

   "Ah, oui, si tu penses toujours à moi, pourquoi m'as-tu appelé Hélène si mon nom est Patricia?"

C. EXPLICATION - Take Jean's part and let him defend himself.

D. EXPRESSION ECRITE - After discussing exercises A, B, and C orally, write down your version of the new dialogue that takes place between André and Hélène.

QUE FAITES-VOUS? - EXERCICES

A. **CONDITIONS REQUISES** - Complete the sentences with the appropriate words.

1. Pour être_____on a besoin d'un marteau et d'une scie.

2. Pour être médecin on a besoin_____

3. Pour être_____on a besoin de livres, de la craie et du papier.

4. Pour être coiffeur on a besoin_____

5. Pour être_____on a besoin de travailler à la poste.

6. Pour être fermier on a besoin_____

7. Pour être _____on a besoin de bien connaître les lois.

8. Pour être policier on a besoin_____

9. Pour être_____on a besoin de tout savoir des caries.

10. Pour être pompier on a besoin_____

B. **CANTIQUE** - Sing the above exercise to the tune of "La Bamba".

C. **VARIATION** - 1. Define the words from the list below.
    2. Make up another exercise like "A" using the words below.
    3. Invent your own "Cantique" using 10 of the new occupations.

acteur	photographe	pilote
architect	jouer de football	président
astronaute	gérant	programmateur
danseur	ingénieur	psychologue
caissière	juge	sénateur
homme de science	présentateur	soldat
chirurgien	méchanicien	chauffeur de taxi
chauffeur	mannequin	travailleur social
vétérinaire	électricien	journaliste

D. QUI PARLE? - Guess who is speaking and then write what might be said next.

Example: "Je crois que vous avez tras caries." _____(dentiste)_____

"Je ne sais pas pourquoi. Je me brosse les dents tous les jours."

1. "Arretez, mains en l'air. Vous êtes sous arrêt."_____
_____

2. "Allons traire les vaches dans l'étable."_____
_____

3. "Comment puis-je savoir qu'il est innocent? Je crois qu'il est coupable."_____
_____

4. "Quel genre de coiffure voulez-vous aujourd'hui?"_____
_____

5. "C'est exactement cette planche que je veux."_____
_____

6. "Que va-t-on faire? Le tuyau d'arrosage n'est pas assez long."____
_____

7. "Vous avez besoin d'un vaccin. Où est l'alcool?"_____
_____

8. "Je vous apporte une lettre urgente."_____
_____

9. "Bonjour, les enfants. Aujourd'hui nous avons un examen."_____
_____

VOILA CE QUE JE FAIS - EXERCICES

A. VARIATION - 1. Change the "cantique" substituting "je" for other persons. (tu, il, etc.) You might use "chaque fois" for "chaque jour".

2. Change the tense of the verbs to imperfect, future, passé simple, future, etc. ("seulement un jour")

B. HORAIRE - Explain your daily schedule.

6:00 _____	5:00 _____
6:30 _____	5:30 _____
7:00 _____	6:00 _____
7:30 _____	6:30 _____
8:00 _____	7:00 _____
8:30 _____	7:30 _____
9:00 _____	8:00 _____

C. IMAGINE - Explain in detail how to perform the following actions.

1. Quand je me réveille_____

2. Quand je prépare le petit déjeuner_____

3. Quand je me brosse les dents_____

4. Quand je me mets debout (après être tombé)_____

5. Quand je vais au travail_____

6. Quand je joue avec mes chats_____

7. Quand je me couche_____

J'AI FAIM - EXERCICES

Q. COMPLETE - Expand each stanza explaining where, what, how, or why.

Example: "J'ai faim ... et je veux manger une pizza avec beaucoup de fromage et de saucisson."

B. Questions - Answer the questions in your own way.

1. Que manges-tu quand tu as faim?

   _____

2. Qu'est-ce qu'il te fait honte?

   _____

3. Qu'est-ce que tu fais qui te donne soif?

   _____

4. Que fais-tu quand tu as froid?

   _____

5. Que fais-tu quand tu as chaud?

   _____

6. Explique des choses qui te font peur?

   _____

7. Que fais-tu quand tu es en classe et que tu as sommeil?

   _____

C. MINI-DIALOGUE - Say or write what another person might reply in this mini-dialogue.

1. "Mais, Claude, comment ça se fait que tu as faim si tu viens de manger il y a 20 minutes?

   _____

   _____

2. "Ma fille, tu es pressée chaque matin. Pourquoi ne te lèves-tu pas plus tôt? _____

3. "Béatrice, avais-tu honte hier soir?"

   "Oui, parce que_____

4. "Pourquoi ne prends-tu pas cette citronnade. Tu m'as dit que tu avais soif."

   _____

5. "Hier, quand je suis allé skier j'avais tellement froid que mes pieds étaient engourdis.

   "Alors, qu'as-tu fait?"

   _____

6. "Maman, j'ai très chaud."

   _____

7. "N'aies pas peur, mon petit. Ce n'est rien."

   "Je sais mais_____

8. "Qu'il est ennuyeux ce prof! Je m'endors toujours dans sa classe."

   "Alors tu dois_____

58

CONSEILS DES PARENTS - EXERCICES

A. EXPLICATION - Take the part of the parents and explain your advice more thoroughly. Explain why he should (or should not) do as you advise.

1. _____
2. _____
3. _____
4. _____
5. _____
6. _____
7. _____
8. _____

B. DEFENSE - Take the son's part and say what he would say in response to each bit of advice.

Example: "Oui, papa, j'essayerai toujours d'arriver tôt mais..."

1. _____
2. _____
3. _____
4. _____
5. _____
6. _____
7. _____
8. _____

MUSIC & INSTRUMENTS

CAJUN--This lively music from Louisiana has its roots in French and French Acadian tradition spiced with elements from Irish, German, Scottish, Spanish, Anglo-American, Afro-Caribbean, and American Indian music. The main instruments are the fiddle and accordion, as well as the spoons, washboard, and triangle.

HAITIAN--Haitian music is primarily African in origin; being a blend of various musical styles of the various tribes thrown together during the slave days of Haiti. The heavy and intricate drumming styles are evident in the festive rara beat. The Haitian meringue is borrowed from its neighbor, the Dominican Republic. The Haitian meringue is made more unique by the gentle drumming and fast arpeggios between beats. The two meringues recorded here differ from each other primarily in that Haitian Meringue #1 is more rustic and rural than #2.
The Zouk is currently quite popular in Haiti as it is, ironically, in modern urban Africa. Popular Haitian instruments include the congas, rattles, marimbas, and bass guitar (for the more modern).

ZYDECO--Zydeco is basically black French country which evolved from Cajun, Afro-Caribbean, and Afro-American music. It is sung and played by black creoles who are descendants of the original slaves of French planters or free blacks (before and after the Haitian revolution) who mixed with the white French Acadians (Cajuns) in the Louisiana area. The music is a mixture of French, jazz, rhythm and blues, and blues. A favorite instrument is the corrugated steel vest which derived from the washboard.